Lilif

CW00708930

ⓑ Cyhoeddiadau'r Gair 1997

Testun gwreiddiol: Lois Rock
Darluniau gan Cathy Baxter
Addasiad Cymraeg gan Delyth Wyn
Dymuna'r cyhoeddwyr gydnabod cymorth Adran Olygyddol
Cyngor Llyfrau Cymru.
Golygydd Cyffredinol: Aled Davies
Cyhoeddwyd yn wreiddiol gan Lion Publishing plc

ISBN 1 85994 124 9
Argraffwyd yn Singapore

Cedwir pob hawl. Ni chaniateir copïo unrhyw ran o'r deunydd
hwn mewn unrhyw ffordd oni cheir caniatâd y cyhoeddwyr.

Cyhoeddwyd gan:
Cyhoeddiadau'r Gair, Cyngor Ysgolion Sul Cymru,
Ysgol Addysg, PCB, Safle'r Fenai,
Bangor, Gwynedd, LL57 2PX.

Y Saer Addfwyn

Lois Rock
Lluniau gan Cathy Baxter
Addasiad Cymraeg gan Delyth Wyn

CYHOEDDIADAU'R
GAIR

Amser maith yn ôl, mewn
tref o'r enw Nasareth,
roedd saer addfwyn yn byw.
Ei enw oedd Iesu.
Gweithiai gyda
phren a cherrig.

Siaradai'r bobl am Iesu.

Clywyd straeon
am yr amser
y cafodd ei eni.

"Straeon rhyfedd," meddent.
"Fe welodd Mair, ei fam,
angel. Dywed hi fod
yr angel wedi dweud wrthi
ei bod am gael baban, ac
mai ef fyddai mab Duw."

"Dywed bod angylion wedi
canu y noson y cafodd ei eni."

"Dywed fod pobl bwysig o bell
wedi rhoi anrhegion i'r baban -
anrhegion drud ar gyfer brenin."

"Ond a fedrwch chi gredu
y byddai Duw'n anfon ei fab
i weithio fel saer yn
Nasareth?"

Cytunai pobl fod Iesu'n berson dymunol a digon cyffredin.

"Tyfodd i fyny i fod yn fab da," meddent. "Mae'n weithiwr cydwybodol."

"Unwaith, flynyddoedd yn ôl, fe wnaeth i'w fam boeni. Ydych chi'n cofio? Aeth criw ohonom i Jerwsalem amser gŵyl. Wrth i ni gychwyn ar ein taith yn ôl, nid oedd Iesu gyda ni."

"Ond yn
y diwedd
daethant o
hyd iddo
yn y deml.
Roedd yn siarad am Dduw gyda phob
math o bobl glyfar. Dywedon nhw
fod Iesu'n berson ifanc doeth iawn."

"Ydy, mae'n ymddangos fod Duw yn
bwysig iawn i Iesu."

Roedd Duw
yn bwysig iawn i Iesu.

Un diwrnod,
peidiodd â bod yn saer.

Dechreuodd dreulio ei ddyddiau
yn dweud wrth bobl am Dduw.

Siaradai ag unrhyw un ddaeth
i wrando: y cyfoethog a'r tlawd,
yr ifanc a'r hen, y bobl oedd yn byw
bywydau da a'r bobl oedd bob amser
mewn trafferthion.

Gwrandawodd tra bu pobl yn ei holi.

Roedd yn garedig a thyner wrth
blant bach.

Adroddai Iesu straeon.

"Dychmygwch eich hunan
yn y stori hon," meddai un tro.

"Rydych yn fugail. Mae gennych gant
o ddefaid ac mae un yn mynd ar goll.

Beth wnewch chi?

Wrth gwrs! Fe ewch i chwilio amdani …

... gan chwilio ymhell ac agos, fan hyn
a fan draw ... nes i chi ddod o hyd iddi.
Yna fe ddewch â hi adref.

Mae Duw yn debyg i'r bugail hwnnw.

Mae Duw yn chwilio am y rhai sy'n teimlo ar goll ...
sydd bob amser yn gwneud y pethau anghywir ...
sy'n dyheu am gael rhywun i'w caru a'u cadw'n
ddiogel."

"Dychmygwch deulu," meddai Iesu.
"Un dydd, dywed y plentyn ieuengaf,
'Rwyf yn ddyn nawr. Rwyf am
adael cartref.'

Ac mae'n gadael, gan fynd i bob math
o drafferthion a gwastraffu
ei amser a'i arian i gyd.

Pan fydd yr arian wedi darfod,
mae'r plentyn yn edifaru ac yn
meddwl: 'Fe wnes gamgymeriad.
Rwyf am fynd adref.'

Pob nos bu ei dad yn aros
ac yn gwylio, aros a gwylio.
Pan wêl ei blentyn, rhed
i'w groesawu ef."

Sylweddolai pobl fod Iesu
yn eu dysgu am Dduw.

Mae Duw yn eu caru, beth
bynnag a wnaethant. Mae Duw
yn debyg i riant caredig: yn dyner,
yn barod i faddau ac yn groesawgar.

"Sut fedrwn ni fyw fel mae Duw yn ei ddymuno?" gofynnodd rhai.

"I ddechrau," meddai Iesu, "carwch Dduw.

Yna carwch bobl eraill. Byddwch iddyn nhw yr hyn hoffech iddynt fod i chi."

"Ond beth os byddant yn gas wrthyf i?" gofynnodd un o ffrindiau Iesu. "Beth os ydynt yn fy siomi? Beth os ydynt yn fy mrifo? Beth os ydynt yn fy mhryfocio? Beth os ydynt yn fy nhwyllo? Faint o weithiau ddylwn i faddau iddynt?"

Atebodd Iesu, "Mae'n rhaid i chi faddau iddynt dro ar ôl tro, ar ôl tro, ar ôl tro …

Mae'n rhaid i chi ddal ati i'w caru
a gofyn i Dduw wneud pethau da
iddynt.

Cofiwch gymaint mae Duw wedi
maddau i chi
a chymaint mae Duw yn eich caru."

Fe wnaeth Iesu fwy na siarad am Dduw ac am gariad Duw. Gyda chymorth Duw gwnaeth bethau a fyddai'n dangos cariad Duw ar waith. "Mae'n gwneud i bobl gloff gerdded," meddai pobl.

"Mae'n gwneud i bobl ddall weld."

"Mae hyd yn oed yn dod â phobl marw yn ôl yn fyw!"

Gwelai pobl fod Iesu'n
rhoi gobaith a llawenydd
i bobl oedd yn dioddef
poen a thristwch.

Roedd fel pe bai'r byd
cyfan yn lle brafiach
pan oedd Iesu yno.

Un noson, aeth Iesu allan mewn cwch
gyda'i ffrindiau.

Cododd storm
ac roedd ofn mawr arnynt.

Siaradodd Iesu â'r gwynt:
"Ust!"

Siaradodd Iesu â'r tonnau:
"Byddwch lonydd."

A bu tawelwch.

"Pwy yw'r Iesu hwn?"
gofynnodd ei ffrindiau.
"Pwy all ef fod?"

Gyda Iesu, roeddynt
yn teimlo'n ddiogel.

Roedd gan Iesu nifer o ffrindiau, ond roedd pobl eraill yn ddig wrtho. "Pwy yw'r Iesu hwn?" gofynnodd rhai yn flin.

"Pa hawl sydd ganddo i ddweud y pethau mae'n eu dweud am Dduw? Sut fedr o wneud y pethau mae'n eu gwneud?"

"Nid yw'n iawn!"

"Mae'n ofnadwy!"

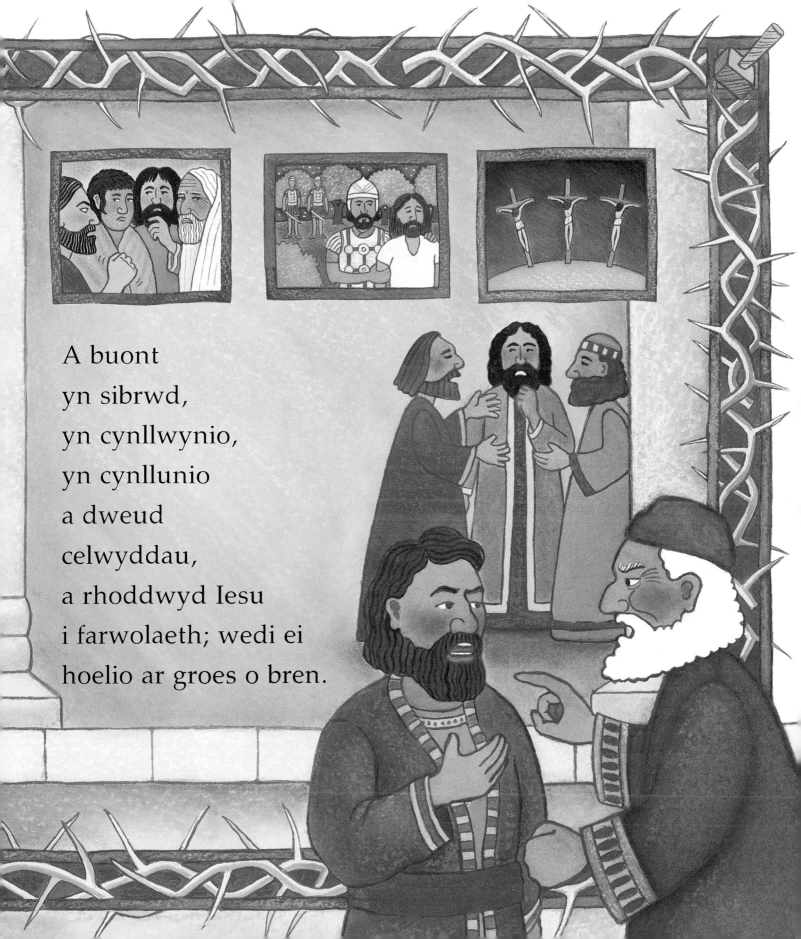

A buont
yn sibrwd,
yn cynllwynio,
yn cynllunio
a dweud
celwyddau,
a rhoddwyd Iesu
i farwolaeth; wedi ei
hoelio ar groes o bren.

Wylodd ffrindiau Iesu.

Rhoesant ef mewn bedd.

Roedd fel pe bai'r stori
yn gorffen.

Ond dridiau yn ddiweddarach, pan ddaethant
at y bedd roedd yn wag.

Unwaith eto,
siaradai'r bobl am Iesu.

Cafwyd straeon am yr adeg
pan fu farw.

"Straeon rhyfedd," meddent.

"Dywed ei ffrindiau bod angel
wrth y bedd."

"Neu a oedd dau yno?"

"Dywedant eu bod
wedi gweld Iesu'n fyw."

"Dywedant fod Iesu wedi rhoi gwaith iddynt
i wneud:

i ddweud wrth bobl fod Duw yn eu caru,

i ddweud wrth bobl fod Duw yn maddau iddynt,

i ddweud wrth bobl y bydd Duw'n rhoi bywyd
newydd iddynt

a'u cadw'n ddiogel am byth."

Ac fe gredodd pobl.
Roedd meddwl am Dduw
yn eu caru yn gwneud
iddynt fod yn hapus.

Dechreuodd pawb garu ei gilydd.

Roedden nhw'n credu mai mab Duw
oedd y dyn fu unwaith yn saer addfwyn
yn Nasareth ac a ddaeth i'w gwneud yn
ffrindiau â Duw.